Meine Erstaunliche Verhaltensserie für kleinkinder

Ich Habe Eine Wichtige Aufgabe.

Ich Bin Eine GROSSE SCHWESTER!

Affirmationsbuch für Kleinkinder
Ein Geschwisterchen Kommt!
(2–4 Jahren)

Von
Suzanne T. Christian

TWORAVENS
BOOKS

Taschenbuch Ausgabe: 9781968080273
Gebundene Ausgabe: 9781968080280
Digitale Ausgabe: 9781968080297

Veröffentlicht in den Vereinigten Staaten von Two Ravens Books LLC,
254 Chapman Rd, Ste 209, Newark DE 19702

„Erweitern Sie Ihren Geist, befreien Sie Ihre Fantasie, ein Titel nach
dem anderen."
www.tworavensbooks.com

Ein Affirmationsbuch für Kleinkinder
Große Schwestern Werden

Dieses liebevolle und aufbauende Buch enthält einfache, altersgerechte Affirmationen, die speziell für Kleinkinder entwickelt wurden, die sich an ein neues Geschwisterchen gewöhnen. Beim gemeinsamen Lesen entdecken die Kinder, was es bedeutet, eine fürsorgliche und selbstbewusste große Schwester zu sein, und erfahren, dass sie selbst immer geliebt werden.

Jede Seite bietet herzerwärmende, nachvollziehbare Momente und bunte Illustrationen, die die Freuden und Herausforderungen dieser wichtigen Veränderung widerspiegeln. Ihr Kleinkind wird seine neue Rolle mit Stolz und Mitgefühl annehmen. Wiederholung spielt dabei eine wichtige Rolle.

Machen Sie dieses Buch zu einem gemütlichen Teil Ihrer Vorlesezeit und genießen Sie es, Ihr Kind in seine neue Rolle hineinwachsen zu sehen - mit Liebe, Lachen und vielen Kuscheleinheiten!

Suzanne T. Christian

Ich bin eine große Schwester, und das ist meine ganz besondere Aufgabe!

Ich teile meinen Lieblingsteddy mit Baby _____.

Meine sanften Hände beschützen
Baby _____.
Ich bin eine große Schwester!

Ich zeige meine Zeichnungen, damit Baby all die schönen _____ Farben sehen kann.

Ich tanze einen lustigen Tanz, damit Baby _____ kichert.

Mein albernes Gesicht bringt
Baby _____ zum Lachen.

Die kleinen Zehen von
Baby _____
bringen mich zum Lächeln.

Wenn ich traurig bin, frage ich Mama nach einer Umarmung.

Ich liebe es, meine Gutenachtgeschichten zu teilen.
Ich bin eine große Schwester!

Ich winke, wenn Baby
_____ aufwacht.

Meine Familie liebt mich und
Baby _____ sehr.

Wenn Baby _____ ein Spielzeug fallen lässt, hebe ich es ganz sanft auf.

Mama sagt, ich bin eine gute Helferin. Ich bin eine große Schwester!

Ich warte geduldig, wenn Mama das Baby füttert.

Es ist okay, wenn
Baby _____
manchmal weint.
So sprechen Babys!

Meine Worte sind
sanft und freundlich.
Ich bin eine große
Schwester!

Ich helfe
Baby _____
jeden Tag, neue
Dinge zu lernen.

Meine sanfte Stimme hilft Baby ＿＿＿＿＿＿ beim Einschlafen. Ich bin eine große Schwester!

Ich helfe beim Aussuchen der winzigen Kleider für Baby _____.

Meine Aufgabe ist sehr wichtig.
Ich bin eine große Schwester!

Ich Habe Eine Wichtige Aufgabe.

Ich Bin Eine

GROSSE

SCHWESTER!

Ende!

Meine Erstaunliche Verhaltensserie für Kleinkinder

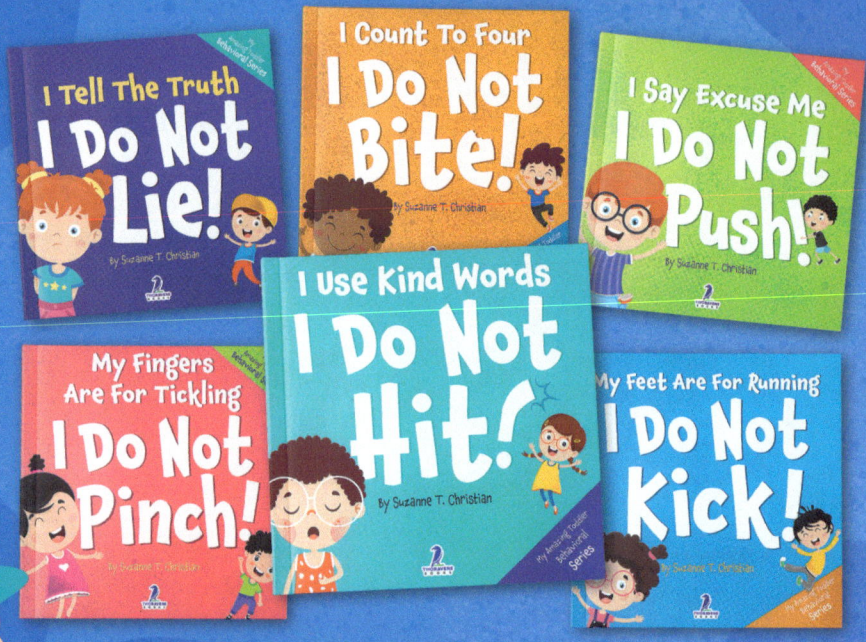

Entdecken Sie
Suzanne T. Christian's beliebte serie
'Meine Erstaunliche Verhaltensserie
für Kleinkinder.'
Junge leser werden es sicher genießen!

Liebe/r erstaunliche/r Leser/in,

Vielen Dank, dass Sie **„Ich Habe Eine Wichtige Aufgabe. Ich Bin Eine Große Schwester!"** mit mir gelesen haben. Wenn dieses Buch Ihr Herz berührt oder bei einem jungen Leser etwas bewirkt hat, wäre ich Ihnen dankbar, wenn Sie Ihre Gedanken in einer Rezension mitteilen könnten. Ihr Feedback inspiriert mich bei meiner zukünftigen Arbeit und hilft anderen, den Zauber dieser Seiten zu entdecken.

Wenn Sie Vorschläge oder Ideen zur Verbesserung des Buches haben, würde ich mich freuen, direkt von Ihnen zu hören. Wenden Sie sich bitte an mich unter **suzanne.christian@tworavensbooks.com**. Ihre Stimme zählt, und ich weiß sie sehr zu schätzen.

Mit aufrichtiger Dankbarkeit,

Suzanne